D1736525

Un día nevado

por Robin Nelson

Mi primer paso al mundo real

ediciones Lerner · Minneapolis

¡Hoy es un día nevado!

2

El aire está frío.

Cuando nieva,
el cielo se ve blanco.

Los copos de nieve
caen al suelo.

Cuando nieva,
los animales dejan **huellas**.

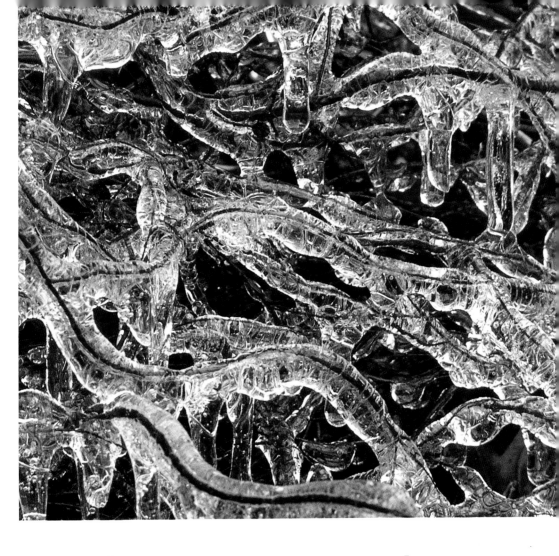

Las ramas se **congelan**.

Cuando nieva, los copos de nieve se **derriten** en las manos.

La nieve se pega
a nuestros gorros.

Cuando nieva, los venados
escarban para encontrar comida.

Los pájaros comen
de sus comederos.

Cuando nieva,
usamos ropa abrigada.

Paleamos la nieve.

Cuando nieva, hacemos
muñecos de nieve.

Nos deslizamos en **trineo**.

Cuando nieva, nos calentamos las manos al fuego.

¡Los días nevados
son divertidos!

Copos de nieve

No hay dos copos de nieve que sean exactamente iguales, pero todos tienen seis lados.

Datos sobre la nieve

Los copos de nieve se forman cuando pequeñas gotas de agua se congelan en nubes muy frías.

El pelaje de algunos animales se vuelve blanco en invierno para ayudarlos a esconderse mejor en la nieve. Esto se llama camuflaje.

El monte Kilimanjaro está en Tanzania, en África. La cima de la montaña siempre está nevada, pero en su parte baja siempre hace mucho calor.

Cada copo de nieve está
formado por aproximadamente
50 diminutos cristales de hielo.

El poblado de Tamarack,
en California, tiene el récord
por la mayor cantidad de
nieve en un mes. En enero
de 1911, cayeron 390 pulgadas
(9.9 metros) de nieve.

El récord por la mayor cantidad
de nieve en un invierno lo tiene el
monte Baker en el estado de
Washington. Durante el invierno
de 1998–1999, el monte Baker
recibió 1,140 pulgadas (29 metros)
de nieve.

Glosario

 congelar: se vuelven sólidas o heladas a temperaturas muy bajas

 derretir: cambian de sólido a líquido por el calor

 escarbar: quitar tierra

 huellas: marcas que deja un animal al pasar

 trineo: vehículo que se desliza sobre la nieve

Índice

Traducción al español: copyright © 2007 por ediciones Lerner
Título original: *A Snowy Day*
Texto: copyright © 2002 por Lerner Publications Company

La edición en español fue realizada por un equipo de traductores nativos de español de
translations.com, empressa mundial dedicada a la traducción.

ediciones Lerner
Una división de Lerner Publishing Group
241 First Avenue North
Minneapolis, MN 55401 EUA

Dirección de Internet: www.lernerbooks.com

Las fotografías en este libro aparecen por cortesía de: © Robert Fried Photography/
www.robertfriedphotography.com, carátula, págs. 5, 10, 22 (centro); © Richard Cummins, págs. 2,
7, 17, 22 (arriba y 2da desde arriba); © Galen Rowell/CORBIS, pág. 3; © Stephen Graham
Photography, pág. 4; © Betty Crowell, págs. 6, 22 (2da desde abajo); © bachmann/Grant Heilman
Photography, pág. 8; © Eric R. Berndt/Grant Heilman Photography, pág. 9; © Buddy Mays/
TRAVELSTOCK, págs. 11, 14; © Rumreich/Grant Heilman Photography, pág. 12; © Beth
Johnson/Independent Picture Service, pág. 13; © Richard Thom/Visuals Unlimited, pág. 15, 22
(abajo); © Corinne Humphrey/Visuals Unlimited, pág. 16; © Jim Zuckerman/CORBIS, págs. 18
(arriba izquierda), 19 (arriba izquierda y arriba derecha); © Richard C. Walters/Visuals Unlimited,
págs. 18 (abajo), 19 (arriba centro y abajo).

Library of Congress Cataloging-in-Publication Data

Nelson, Robin, 1971–
    [A snowy day. Spanish]
    Un día nevado / por Robin Nelson.
      p. cm. — (Mi primer paso al mundo real)
    Includes index.
    ISBN-13: 978-0-8225-6212-2 (lib. bdg. : alk. paper)
    ISBN-10: 0-8225-6212-X (lib. bdg. : alk. paper)
    1. Snow—Juvenile literature. I. Title. II. Series: Nelson,
Robin, 1971–   . Mi primer paso al mundo real.
QC926.37.N4518 2007
551.57'84—dc22   2005036743

Fabricado en los Estados Unidos de América
1 2 3 4 5 6 – DP – 12 11 10 09 08 07